Tennis-Strategien Für Das Einzel Und Doppel: Gewinn-Taktiken Und Mentale Strategien Um Jeden Zu Schlagen

Joseph Correa

Lizenzierter Profi-Tennistrainer

Schlag jeden Tennisspieler mit diesen kreativen und praktischen Strategien!

COPYRIGHT

© 2016 Finibi Inc

Alle Rechte vorbehalten. Dieses Buch oder Auszüge dessen darf nicht reproduziert oder in anderer Weise genutzt werden ohne schriftliche Genehmigung des Verlegers – ausgenommen hiervon sind kurze Zitate mit Verweis auf dieses Buch. Das Scannen, Hochladen und Verbreiten dieses Buches über das Internet oder andere Medien ohne die ausdrückliche Genehmigung des Verlegers oder Autors sind illegal und verstoßen gegen das Gesetz. Kaufe nur autorisierte Editionen dieses Buches. Bitte konsultiere deinen Arzt, bevor du trainierst und dieses Buch nutzt.

Dieses Buch ist meiner Familie gewidmet, die immer für mich da war egal in welcher Situation.

EINLEITUNG

Strategie spielt beim Wettkampftennis eine wichtige Rolle und das Wissen, diese Strategien anzuwenden, kann dabei helfen, mehr Spiele gegen noch bessere Gegner zu gewinnen. Diese Strategien werden dir drei Dinge ermöglichen:

1. Die Vorbereitung auf einen speziellen Spielertyp.

2. Du wirst wissen, welche Gegenstrategien genutzt werden können, um am effektivsten einen Wettkampf zu bestreiten.

3. Wie man diese Strategien basierend auf deinem Spielstil anwendet.

Im Einzel oder Doppel erfolgreich zu sein erfordert es, darauf vorbereitet zu sein, jeden Spielertyp auszustechen und dass man dazu in der Lage ist, sich schnell und effektiv anzupassen um sie zu besiegen.

Die besten Tennisspieler der Welt machen das in ihrem täglichen Geschäft, weil das das Einzige ist um zu gewinnen und du kannst diese Strategien auch trainieren.

Dieses Buch über Tennisstrategie und mentale Taktiken hat Taschenbuchgröße und sollte in deiner Tennistasche oder wo auch immer du es am wahrscheinlichsten siehst, aufbewahrt werden. Nur so bist du jederzeit bereit die Strategie anzuwenden, die am nützlichsten für das Match sein wird.

ÜBER DEN AUTOR

Joseph Correa ist ein Profi-Tennisspieler und Trainer, der viele Jahre lang ITF und ATP Wettbewerbe selbst bestritt oder andere für diese trainiert hat. Neben seiner eigenen professionellen Tenniskarriere ist er ein von der USPTR sowie von der ITF Kids lizensierter Coach, der bereits hunderte von Tennisspielern trainiert hat.

Als Autor dieses Buches glaube ich in hohem Maße an die Umsetzung von spezifischen Strategien im Tennis. Manchmal kann ein besserer Spieler gegen einen schlechteren Spieler verlieren, nur weil er die falsche Strategie verwendet hat oder umgekehrt. Dieses Buch wird dir helfen, mehr Spiele zu gewinnen und verspricht dir mehr Erfolg in deinen Tennisspielen.

Viel Glück,
Joseph Correa

INHALT

EINLEITUNG

ÜBER DEN AUTOR

KAPITEL 1: SPIELSTILE BEIM DOPPEL

1. Wie man den Doppel-Baseliner schlägt

2. Wie man die Aufschlags- und Volleyspieler beim Doppel schlägt

3. Wie man „Master Poachers" beim Doppel besiegt

4. Was man gegen die I-Formation eines Doppel-Teams macht

5. Was man gegen aggressive Netz-Doppelspieler macht

6. Was man gegen Doppel-Teams mit hohen Lupfern macht

7. Wie man Aufschlag auf Aufschlag beim Doppel verhindert

8. Wie man einen Aufschlag im Doppel behält

KAPITEL 2: STRATEGIEN GEGEN EINFACHE SPIELSTILE BEIM EINZEL

1. Wie man einen Baseliner schlägt

2. Was man gegen einen Netzläufer macht

3. Wie man den Konterspieler schlägt

4. Wie man den Aufschlags- und Volleyspieler schlägt

5. Wie man den Alleskönner ausspielt

6. Wie man den Lupfer besiegt

7. Wie man einen guten Schieber schlägt

KAPITEL 3: STRATEGIEN GEGEN FORTGESCHRITTENE SPIELSTILE BEIM EINZEL

8. Was man gegen einen starken Topspin-Spieler machen kann

9. Wie man den reinen Slice-Spieler übertrifft

10. Wie man einen guten Aufschlag kontert

11. Wie man einen Dropshot kontert

12. Wie man den Läufer ausspielt

13. Wie man eine starke Vorhand ausspielt

14. Wie man starke Schläger ausschaltet

KAPITEL 4: STRATEGIEN GEGEN UNGEWÖHNLICHE SPIELSTILE BEIM EINZEL

15. Wie man den „Grunzer" schlägt

16. Wie man einem Zeitspiel entgegenwirkt

17. Wie man einen eiligen Gegner ausspielt

18. Wie man den Publikumsliebling schlägt

19. Wie man zarte Angleshots kontert

20. Wie man tiefe und hohe Bälle abwehrt

21. Wie man hohe Rückhandschläge abwehrt

22. Wie man einen Scrap-shot Spieler besiegt

KAPITEL 5: MENTALE STRATEGIEN BEIM EINZEL UN DOPPEL

23. Wie man die Nervosität besiegt

24. Wie man mit Stress in einem Spiel umgeht

25. Wie man bis zum Schluss aufmerksam bleibt

26. Was man während der Seitenwechsel denken sollte

27. Was man vor einem Spiel denken sollte

28. Was man in der Nacht vor dem Spiel denken sollte

29. Was man tun muss, wenn man auf dem Tiefpunkt ist

30. Was man machen sollte, wenn man aufgeregt ist

31. Was man tun sollte, wenn man Matchball hat

32. Was man tun sollte, nachdem man einen

Doppelfehler beim Aufschlag begangen hat

KAPITEL 1: SPIELSTILE BEIM DOPPEL

Strategie #1

Wie man die Baseliner beim Doppel schlägt

PROBLEM:

Doppel-Baseliner sind dafür bekannt, nicht vom Netz aus zu starten oder zum Netz zu laufen. Sie werden so wenig wie möglich zum Netz gehen, weil ihre Stärke auf der Grundlinie liegt. Sie sind oftmals schwierige Gegner, da es keinen schnellen Weg gibt, um Bälle zu gewinnen.

LÖSUNG:

Eine der besten Arten um die Doppel-Baseliner zu schlagen, besteht darin entweder als Team zum Netz zu gehen oder das andere Team dazu zu zwingen zum Netz zu laufen und sie damit aus ihrer sicheren Zone zu locken.

Die beste Art, diese Doppel-Spielstrategie zu durchbrechen ist:

- Spiel deinen normalen Spielstil und achte nicht darauf, was deine Gegner gerade machen.

- Lauft als Team zum Netz um eine Wand vor den Einzelspielern zu errichten, so dass sie ein Risiko eingehen müssen und einige Fehler machen, was genau das ist, was du willst.

- Komm zum Netz mit kurzen Slices, die in der Mitte des Feldes landen und die sehr viele Doppel-Teams irritieren, insbesondere wenn beide sich im hinteren Teil des Feldes befinden und entscheiden müssen, wer von ihnen nun nach vorn geht um den Ball zu schlagen. Das verzögert oftmals ihre Reaktionszeit.

- Verwende Dropshots und zwing sie zum Netz, so dass zumindest einer von ihnen die Grundlinie verlassen muss, was ihre Doppel-Struktur zerstört. Der Dropshot ist am effektivsten, wenn er im Zentrum des Feldes landet, weil das bedeutet, dass sie entscheiden müssen, wer zum Ball rennt. Das wiederum verzögert ihre Reaktionszeit und macht das Ganze zu einer sehr effektiven Strategie.

Strategie #2
Wie man die Aufschlags- und Volleyspieler beim Doppel schlägt

PROBLEM:

Das Aufschlags- und Volley-Team sind die weit verbreitetsten Spielstile und ebenso auch die klassischsten. Ein Spieler steht am Netz, während der andere aufschlägt und zum Netz rennt, um einen Volley zu schlagen. Sie werden das konsequent bei jedem Ball machen.

LÖSUNG:

Der beste Ansatz um gegen diesen Spielstil vorzugehen besteht darin, dich auf deine Fehler beim Zurückspielen des Aufschlags zu konzentrieren und diese zu minimieren. Die beste Art und Weise das zu tun und das Aufschlags- und Volley-Team zu besiegen ist:

- Halte dein Rückspiel flach und in Richtung ihrer Füße, wenn sie zum Netz kommen.

- Lupfe die Person am Netz sehr oft um ihre Spiel-Struktur zu zerstören und erreiche, dass sie ihre Position verlassen und herumirren.

- Überrasch die Person am Netz, indem du longline zurückspielst, wenn sie permanent die Bälle, die für die Person an der Grundlinie bestimmt waren, abgreift.

Strategie #3
Wie man „Master Poachers" beim Doppel besiegt

PROBLEM:

„Master Poachers" sind Doppel-Teams, bei denen die Person am Netz einen Schlag abpasst, der für die Person an der Grundlinie bestimmt war. Diese Bälle am Netz sind sehr aggressiv, aber trotzdem besiegbar. Dieser Spielstil ist weit verbreitet und komplementiert die klassische Person am Netz und die Person im hinteren Teil des Feldes zu einem Doppel-Team.

LÖSUNG:

„Master Poachers" können sehr beeindruckend sein, wenn dein Partner langsame oder mittelhohe Grundschläge ausführt, während die Gegner vor und zurücklaufen zusammen mit der Person an der Grundlinie. Die beste Art und Weise diesen Spielstil eines Doppel-Teams zu umgehen, ist sicherzustellen, dass du die Person am Netz davon abhälst, die Bälle so oft wie möglich zu schlagen. Das erreichst du, indem du:

- cross geschlagene und gewinkelte Bälle spielst.
- Lupfer über die Person am Netz spielst.

- harte, schnelle Bälle direkt auf ihren Körper spielst, so dass sie nicht so oft poachen können. Mach das nur, wenn du dich sicher fühlst und denkst, dass es notwendig ist.

Strategie #4

Was man gegen die I-Formation eines Doppel-Teams macht

PROBLEM:

Die I-Formation eines Doppel-Teams ist ein fortgeschrittener Spielstil von Doppel-Teams. Eine Person platziert sich dort, von wo aus sie so nah wie möglich zum Zentrum des Platzes aufschlagen kann, während die Person am Netz auf einem Knie kniet und so tief wie möglich in der Mitte des Netzes steht um hochzuspringen, sobald der Aufschlag gemacht wurde. Die Person, die aufschlägt, wird normalerweise in die Mitte oder in das Zentrum des Platzes aufschlagen. Manchmal werden sie auch in Richtung des Körpers aufschlagen um Abwechslung zu erzeugen. Das Doppel-Team entscheidet im Vorfeld zu welcher Seite die Person am Netz gehen wird – entweder zur rechten oder zur linken und manchmal bleibt sie auch in der Mitte. Sie stehen dann in der I-Formation, um unvorhersehbar für ihre Gegner zu werden.

LÖSUNG:

Um diesen Typ von Doppel-Team auszuspielen musst du verstehen, dass du nicht immer richtig raten wirst, aber du kannst notwendige Schritte einleiten um dich in die beste Position dafür zu rücken, das Spiel zu gewinnen. Die richtigen Bälle, die man gegen eine I-Formation eines Doppel-Team spielen sollte, sind:

- Lupfe longline damit du den Ball weg von der Person am Netz spielst und brich damit ihre Formation auf.

- Spiel den Aufschlag gerade zurück und niedrig zur Person am Netz zurück. Der Ball muss hart gespielt werden, sonst kann die Person am Netz ganz einfach einen Volley schlagen.

- Wähle eine Seite und schlag den Aufschlag dahin zurück. Entscheide dich, bevor du den Return schlägst, da die Person am Netz dich sonst womöglich ablenkt und dich dazu verleitet, die Augen vom Ball zu nehmen.

Strategie 5
Was man gegen aggressive Netz-Doppelspieler macht

PROBLEM:

Die aggressiven Netz-Doppelspieler werden überall am Netz sein, oft Bälle dort schlagen, gewinnen und damit den Druck auf ihre Gegner erhöhen, Pässe zu spielen. Das sind ausgezeichnete Doppel-Partner, weil sie dir zahlreiche freie Punkte bescheren werden und dich oftmals in eine Gewinn-Position bringen können.

LÖSUNG:

Aggressive Netz-Doppelspieler müssen abgebremst werden oder zumindest vom Ball weggezogen werden für den Großteil des Satzes. Die 5 effektivsten Optionen das zu tun sind:

a) Lupfe die Person am Netz longline.

b) Schlage tiefe, cross geschlagene Angleshots mit Slice oder Topspin.

c) Spiel die Person am Netz am Körper an.

d) Überrasch die Person am Netz mit schnellen und tiefen Longlines.

e) Lupfe die Person am Netz cross.

Strategie #6
Was man gegen Doppel-Teams mit hohen Lupfern macht

PROBLEM:

Doppel-Teams mit hohen Lupfern werden immer und immer wieder hohe, tiefe Lupfer schlagen und versuchen dich dazu zu bringen den Ball zu verfehlen oder einen Overhead zu verpassen. Sie werden keine Winner spielen. Sie versuchen einfach nur, dass du dich selbst besiegst. Das Spiel wird lang sein und sehr anstrengend für dich, wenn du nicht weißt, wie du mit diesem Spielstil umgehen sollst.

LÖSUNG:

Diese Typen der Doppel-Teams werden nicht viele Fehler machen und aus diesem Grund musst du strategischer vorgehen als sie. Du musst entscheiden, ob es besser ist, wenn du sie in ihrem Spiel besiegst oder du dein eigenes Spiel spielst. Wenn du sie überlupfen kannst und das Spiel gewinnst, dann mach es. Wenn du versuchen willst sie mit einem taktischeren Vorgehen zu besiegen, würdest du mit den Dingen beginnen, die sie dazu bringen werden, den Bereich der Grundlinie zu verlassen. Einen Dropshot ausgehend von einem hohen Lupfer zu schlagen ist sehr schwierig und selbst wenn du es schaffst, wird er vermutlich sehr schwach und leicht zu kontern sein.

Die beste Art und Weise diesen Spielstil zu besiegen besteht darin, kurze Angleshots zu spielen, um sie nach vorn und weit nach außen zu locken. Ein kurzer, gewinkelter Slice oder Topspin wird normalerweise nicht die Grundlinie erreichen und ausgehend von einem Lupfer definitiv sehr hart geschlagen werden. Wenn du einen kurzen Angleshot gespielt hast, schlag schnell hinter die Person, die gerade den Angleschot zurückgeschlagen hat, so dass sie dieses Mal nur schwach zurückschlagen kann. Die Antwort kann gekontert werden, indem du das Netz anspielst oder in die Mitte spielst oder in einen Ecke, von wo aus sie nicht in der Lage sein werden, einen ordentlichen Lupfer zu spielen.

Strategie #7
Wie man Aufschlag auf Aufschlag beim Doppel verhindert

PROBLEM:

Eine Aufschlagsserie beim Doppel zu durchbrechen ist wichtig und notwendig um öfter zu gewinnen. Manchmal spielst du gegen ein sehr gutes Aufschlags-Team und ein anderes Mal machen sie sehr schlechte Aufschläge, die aber aufgrund des Spins oder der Höhe, mit der sie ankommen, schwierig zu kontern sind.

LÖSUNG:

Um eine Aufschlagsserie beim Doppel zu durchbrechen musst du sicherstellen, dass du den Ball nicht verfehlst und so konsistent wie möglich bist. Versuch das, wenn du einen Aufschlag zurückspielst:

- Mach keine Schläge mit niedriger Trefferquote, die nahe der Linie landen werden und die wahrscheinlich in alle Richtungen zurückgespielt werden können.

- Konzentrier dich auf deinem Platz auf dem Feld, auf den du den Aufschlag zurückspielen willst.

Normalerweise ist die Mitte des offenen Feldes ein guter Anfang.

- Halte deinen Rückschwung kurz und ziehe deinen Stroke konsequent durch.

- Spiel nicht zu sanft, aber auch nicht zu hart. Finde die goldene Mitte bezüglich der Kraft, so dass du weder übervorsichtig noch zu aggressiv wirst.

- Behalte deine Augen auf dem Ball und nicht auf der Person am Netz.

- Konzentrier dich darauf deine Füße zu bewegen, bevor du den Aufschlag zurückschlägst, so dass du nicht unvorbereitet bist.

- Platzier dich an einer geeigneten Stelle um den Aufschlag zurückzuschlagen. Mach das davon abhängig, wo dein Gegner beim Aufschlag steht.

Strategie #8
Wie man einen Aufschlag im Doppel behält

PROBLEM:

Den Aufschlag im Doppel zu behalten erfordert eine Anstrengung des ganzen Teams, aber kann konsequent erreicht werden ohne Rücksicht auf Stärke, Höhe und Alter. Die meisten Menschen versuchen auf viele, große Aufschläge oder Bälle zu gehen nur um Bälle zu gewinnen. Tennis wird aber durch die Summe an Punkten gewonnen und nicht aufgrund eines großen Balls. Das ist ein wichtiger Aspekt, der bei jeder Strategie beachtet werden sollte.

LÖSUNG:

Den Aufschlag zu behalten macht es erforderlich, dass du einen Plan hast und dann diesen Plan als Team umsetzt. Dieser muss sehr klar sein, ansonsten musst du dir einen anderen Doppel-Partner finden. Ihr seid nicht zwei einzelne Spieler, die auf einer Seite spielen. Ihr seid ein Team und ihr müsst euch bewegen, arbeiten und denken wie ein Team. Um Aufschläge im Doppel zu behalten, solltest du Folgenden tun:

- Bekomm so viele erste Aufschläge wie möglich herein. Das erfordert vielleicht, dass du etwas Stärke aus deinem Aufschlag herausnehmen musst oder weniger auf die Ecken und Linie abzielst. Das wird das Risiko verringern, dass deine Gegner deinen schwachen, zweiten Aufschlag kontern werden, was notwendig ist um den Aufschlag zu behalten.

- Bekomm immer deinen ersten Ball herein, nachdem dein Gegner den Aufschlag zurückgespielt hat. Zu viele Menschen versuchen zu viel mit diesem ersten Schlag zu erreichen, was oftmals in vermeidbaren Fehlern endet, welche sich schnell aufsummieren.

- Arbeite deinen Weg durch den Ball. Manchmal bedeutet das, dass du zum Netz gehen musst, nachdem du den richtigen Ball gespielt hast und nicht nur irgendeinen.

- Stell sicher, dass ihr beide euch im Vorfeld (und nicht mitten im Ballwechsel) entscheidet, wer die Mitte des Feldes abdecken will, wenn ein Ball geschlagen wird. Es ist nämlich für deine Gegner ein sehr einfacher Weg, Punkte zu gewinnen.

KAPITEL 2: STRATEGIEN GEGEN EINFACHE SPIELSTILE BEIM EINZEL

Strategie #1

Wie man einen Baseliner schlägt

PROBLEM:

Ein guter Baseliner ist sehr sicher an der Grundlinie und würde es bevorzugen, nicht ans Netz zu gehen. Aus diesem Grund wäre die beste Strategie, den Baseliner mit kurzen Schlägen zum Netz zu bringen. Dies bringt den Gegner in eine schwierige Situation und er wird wahrscheinlich sogar einen einfachen Aufschlag verfehlen.

LÖSUNG:

Eine der besten Strategien, um einen Baseliner zu schlagen, ist es sie möglichst nah ans Netz zu bringen – nutze einen der folgenden Schläge: Ein kurzer Slice, ein Stoppball, ein kurzer Topspin, ein Angleshot.

Wenn du einen kurzen Slice spielst, wird der Baseliner gezwungen ans Netz zu kommen und wenn er sehr kurz ist, wird er gezwungen die Grundlinie zu verlassen, um einen Volley oder einen Overhead zu spielen.

Wenn du einen Stoppball spielst, wirst du definitiv in der Lage sein, deinen Gegner ans Netz zu bekommen, da sie keine andere Wahl haben, als sich in die Reichweite des Netzes zu bewegen.

Wenn du einen kurzen Topspin spielst, werden sie nicht gezwungen ans Netz zu kommen, aber sie werden in einer sehr schlechten Position sein, wenn sie es nicht tun. Du kannst dir ihre schlechte Position zu Nutze machen, indem du einfach den Ball hinter sie schlägst.

Wenn du einen kurzen Angleshot spielst, werden sie sich nicht nur von der Grundlinie wegbegeben müssen, sondern auch leicht abseits des Platzes. Dies würde sie in eine sehr schlechte Position bringen, wenn sie nicht versuchen den Platz abzudecken, indem sie ans Netz kommen.

Wenn du einen guten Aufschlag hast, spiele den Ball und laufe zum Netz, um den Gegner zu überraschen und erlaube dir absichtlich ab und zu einen Fehler.

Strategie #2

Was man gegen einen Netzläufer macht

PROBLEM:

Der Netzläufer ist immer bereit, nach vorne zu laufen – meistens bei zweiten Aufschlägen, schwachen Schlägen oder kurzen Bällen. Ihre besten Schläge sind meist Volleys oder Overheads. Sie werden auch nach dem eigenen Aufschlag zum Netz rennen. Sie gewinnen die meisten Punkte, in dem sie Druck am Netz erzeugen und dadurch Fehler oder Fehlentscheidungen der Gegner erzwingen.

LÖSUNG:

Die beste **LÖSUNG** ist einfach, den Netzläufer an der Grundlinie zu halten, indem du den ersten Aufschlag rein bekommst, auch wenn das bedeutet, dass du etwas Kraft herausnimmst und den Ball stattdessen platziert spielst. Du kannst auch einen tiefen Topspin spielen oder den Ball quer über den Platz schlagen, um den Netzläufer aus dem Feld zu halten und weg vom Netz. Wenn er doch das Netz erreicht hat, solltest du folgendes planen:

1. Spiel an ihm vorbei, indem du den Ball longline spielst.

2. Umspiel ihn durch einen cross geschlagenen Ball.

3. Umspiel ihn durch einen kurzen Angleshot.

4. Lupfe den Ball über ihre Rückhandseite mit einem flachen Topspin oder Slice.

5. Spiel den Ball direkt auf ihren Körper, um sie aus dem Schutz zu nehmen und zu verlangsamen.

Strategie #3

Wie man den Konterspieler schlägt

PROBLEM:

Der Konterspieler ist nicht derjenige, der die Initiative während des Matches ergreift. Sie sind meistens die Art von Spielern, die auf deine Entscheidung warten und diese dann ausheben. Wenn du an das Netz läufst, werden sie an dir vorbei spielen. Wenn du den Ball härter Schlägst, werden sie deine Kraft nutzen und den freien Teil des Platzes anvisieren. Diese Art von Spielern bereitet große Probleme, wenn du nicht weißt, wie man mit ihnen umgeht. Je härter und schneller du spielst, je besser ist es für sie, solange du keine gute Strategie hast.

LÖSUNG:

Um den Konterspieler zu schlagen musst du verstehen, dass du die meiste Zeit, wenn du angreifst, ein Muster haben musst, dass du während des Punktes umsetzen kannst. Ein paar Beispiele wären:

- Schlage breit auf und ziele dann auf die freie Fläche des Platzes.

- Ziele auf die freie Fläche des Platzes und spiele den nächsten Ball ans Netz, um mehr Druck auf deinen Kontrahenten auszuüben und den Punkt einzufahren.

- Spiele einen kurzen Ball und zwing sie, die Initiative zu ergreifen, indem sie ans Netz kommen.

Strategie #4

Wie man den Aufschlags- und Volleyspieler schlägt

PROBLEM:

Aufschlags- und Volleyspieler sind schnell und entscheidungsfreudig. Sie werden nicht zögern, wenn sie die Möglichkeit haben, den Punkt für sich zu entscheiden. Sie werden einen starken Aufschlag mit Kraft oder Spin spielen und dann zum Netz laufen.

LÖSUNG:

Die beste Strategie gegen diese Spieler ist, sie abzubremsen oder sie in der Vorwärtsbewegung zu stoppen. Die drei besten Möglichkeiten, sie abzubremsen und zu Fehlern zu zwingen, sind:

1. Spiel den Aufschlag zu ihren Füßen zurück, so dass sie einen halben Volley spielen müssen.

2. Spiel den Ball direkt auf ihren Körper zurück, so dass sie ihren Körper aus der Bahn bringen müssen, um den Volley spielen zu können. Dies mag keine schöne Art sein, um sie abzubremsen, aber es funktioniert und ist ein Mittel, wenn du keine anderen Optionen hast.

3. Überlupfe sie. Spiel den Ball einfach hoch und steil und laufe dann nach hinten, um einen harten Overhead in der Luft abfangen zu können. Wenn du hoch genug lupfst, müssen sie komplett stoppen und einen zeitlich gut abgepasste Overhead spielen, der nicht immer leicht ist, wenn es windig oder regnerisch ist, sie die Sonne blendet oder es Nacht ist und Entfernungen schwerer einzuschätzen sind.

Strategie #5

Wie man den Alleskönner ausspielt

PROBLEM:

Der Alleskönner kann alles. Aufschlag und Volley, Konterschlag, kurze Bälle ans Netz, geduldig und ausdauernd im hinteren Bereich des Feldes. Jeder trainiert und übt immer hart, um ein Alleskönner zu werden, so dass man keine offensichtlichen Schwächen hat, die einem Gegner einen Angriff leichter machen würden.

LÖSUNG:

Der Alleskönner kann normalerweise alles, aber es heißt nicht, dass er keine Schwächen hat. Konzentriere dich darauf, was er am schlechtesten macht und richte das Spiel danach aus, was du am besten kannst.

Zum Beispiel: Wenn sie eine schwächere Rückhand haben und du eine starke Vorhand, solltest du zu ihrer Rückhand aufschlagen und dann dich so positionieren, dass du den nächsten Ball mit der Vorhand annehmen kannst. Übe weiter Druck aus, indem du auf ihre Rückhand spielst bis du die Möglichkeit bekommst, zum Netz zu kommen und den Ball wegzuschlagen. Auf diese Weise zwingst du sie, deinen stärksten Spielstil gegen ihren schlechtesten

Schlag zu spielen. Eine weitere gute Strategie wäre, einen Angriff nah am Netz an ihrer schwächeren Seite zu spielen und so Fehler zu erzwingen.

Strategie #6

Wie man den Lupfer besiegt

PROBLEM:

Spieler, die den Ball immer und immer wieder lupfen, können sehr schwierig zu bespielen sein und können dich deine Geduld kosten. Du willst angreifen, aber sie verlangsamen alles mit ihren Lupfern. Wenn du nah ans Netz ran kommst weißt du, dass du einen Overhead spielen musst.

LÖSUNG:

Du willst kein Spiel verlieren, weil du Bälle mit niedriger Prozentzahl spielst während dein Gegner Bälle mit hoher Prozentzahl wie Lupfer spielt. Der beste Plan ist, sie aus ihrer Komfortzone zu locken und zu Stellen auf dem Platz zu bewegen, von denen sie nur schwer oder auch gar nicht Lupfer spielen können. Durch flache Angleshots wirst du den Lupfer dazu zwingen, aus dem hinteren Teil des Feldes hervorzukommen und sich an die Seiten zu bewegen, was das Lupfen deutlich erschwert, da die Distanz zu deinem eigenen Ende des Feldes kürzer ist, als wenn er an der Grundlinie stehen würde. Eine andere Art, diese Art von Spieler aus dem Konzept zu bringen, ist ein einfacher kurzer Ball oder ein Dropshot, um sie ans Netz zu bringen. Am Netz kannst er entweder einen Volley spielen oder einen Overhead, aber keinen Lupfer! Ein weiterer effektiver Weg einen Lupfer zu schlagen ist einen niedrigen, kurzen Slice zu spielen, da es viel schwerer ist, bei einem solchen Ball zum Lupfen anzusetzen. Dann kannst du einfach den Ball hinter sie spielen nachdem sie einen nicht so guten Lupfer zurückgespielt haben. Die letzte Möglichkeit, die du gegen einen Lupfer hast, ist den Ball so zu spielen, dass er nie auftrifft. Das kann sehr effektiv sein, wenn du vor der Grundlinie stehst und dich sicher fühlst, Bälle in der Luft anzunehmen.

Strategie #7

Wie man einen guten Schieber schlägt

PROBLEM:

„Schieber" oder konsistente Spieler, die normalerweise überhaupt nicht angreifen während des Spiels, sind oftmals sehr erfolgreich. Sie machen nicht viele Fehler, schlagen aber meist auch keine entscheidenden Bälle. Sie warten darauf, dass du alle Fehler machst, was noch mehr Druck auf dich erzeugt.

LÖSUNG:

„Schieber" müssen für Gewöhnlich dazu gezwungen werden, Fehler zu machen. Eine der besten Möglichkeiten, Fehler bei ihnen zu beschwören, ist es sie mit einem Dropshot oder kurzen Ball ans Netz zu bringen und dann einfach einen Volley oder Overhead zu spielen. Genau das können sie meist am schlechtesten, da sie so viel Zeit im hinteren Teil des Platzes verbringen, um den Ball permanent im Spiel zu halten. Wenn du stark am Netz bist, solltest du den Angriff am Netz wählen mittels schnellen, niedrigen Bällen, um sie so zu mehr Risiko zu bewegen, indem sie einen kurzen Schlag oder Lupfer wählen. Beide Strategien sind effektiv gegen diese Art des Spiels.

KAPITEL 3: STRATEGIEN GEGEN FORTGESCHRITTENE SPIELSTILE BEIM EINZEL

Strategie #8

Was man gegen einen starken Topspin-Spieler machen kann

PROBLEM:

Starkes Topspin wird mehr und mehr beliebter im heutigen Spiel. Der Ball prallt normalerweise hoch und schnell vom Schläger zurück, was es schwer macht anzugreifen oder ans Netz zu kommen. Es wird dich entweder zwingen, zurückzuweichen oder nach vorne zu gehen, um den Ball zu treffen.

LÖSUNG:

Du kannst verschiedene Dinge tun, um den starken Topspin zu kontern. 1. Du kannst einfach einen Schritt zurück machen und den Ball zu einer für dich komfortablen Position kommen lassen. Auf diese Weise schlägst du nicht auf oder über Schulterhöhe, was ein deutlich schwererer Schlag für die meisten Menschen ist.

2. Du kannst den Ball treffen, während er aufsteigt und zu hoch wird und dazu dich in das Feld hinein bewegen. Dieses Vorgehen erfordert mehr Können, als ihn herunterkommen zu lassen, aber es lohnt sich, wenn du deinen Kontrahenten auf Zack hältst mit deinen schnellen Kontern.

Strategie #9

Wie man den reinen Slice-Spieler übertrifft

PROBLEM:

Einige Tennisspieler werden nur Slices spielen, weil sie entweder sehr erfolgreich damit sind oder weil sie keine anderen Schläge beherrschen. Der Ball wird flach bleiben, was es schwerer macht anzugreifen oder einen klaren Ball zu spielen.

LÖSUNG:

Geduld mit diesem Spielertyp zu haben zahlt sich langfristig aus. Der Schlüssel ist es, diese Slices nicht zu hoch zu treffen. Versuch ihn niedrig zu erwischen und beweg dich vorwärts. Die beste Art, dass dein Gegner den Ball verfehlt ist entweder sie beim Laufen zu erwischen und dann das Netz zu versperren, wenn sie sie den Slice zurück spielen, oder die Höhe der Bälle zu variieren. Die Höhe der Bälle zu variieren bedeutet im Grunde genommen, dass man zuerst einen niedrigen Topspin spielt und dann einen hohen Topspin. Setze dieses Muster fort solange die Gegner nicht den richtigen Winkel finden und zwinge sie dadurch zu niedrig ins Netz oder zu hoch und damit ins Aus zu treffen.

Strategie #10

Wie man einen guten Aufschlag kontert

PROBLEM:

Gute Aufschläger sind harte Gegner, wegen der Geschwindigkeit mit der der Ball auf dich zukommt. Der Ball wird hart und schnell kommen, ohne jegliche Vorwarnung.

LÖSUNG:

Führe einen kurzen Rückschwung aus und bewege deine Füße bevor der Ball kommt. Das Geheimnis, einen schnellen Aufschlag zurückzuspielen, ist ihn nicht zu hoch zu treffen. Lerne die Kraft deines Gegners zu nutzen, indem du einfach einen gut platzierten Ball zurückspielst. Viele Male wirst du feststellen, dass du den Ball nicht härter treffen musst, damit es ein gutes Rückspiel ist und genau das ist die wichtigste Sache, die es zu bedenken gibt. Beweg deine Füße, behalte deine Augen auf dem Ball, nimm einen kurzen Rückschwung und bewege dich, wenn du den Ball triffst, um erfolgreich mit diesem Schlag zu sein.

Strategie #11

Wie man einen Dropshot kontert

PROBLEM:

Dropshots sind großartige Waffen, da sie keine Kraft erfordern. Dropshots sind nur so wertvoll wie einen Overhead zu spielen. Bedenke, dass die Entfernung von einer Seite des Platzes zur anderen kleiner ist, als von der Grundlinie zum Netz. Wenn du einen Dropshot spielst, lässt du deinen Kontrahenten eine größere Distanz laufen.

LÖSUNG:

Der beste Konter gegen einen Dropshot ist einen anderen Dropshot zurückzuspielen. Auf diese Art hast du eine geringere Wahrscheinlichkeit, verladen oder überlupft oder gar getroffen zu werden. Wenn du diesen Schlag meisterst, wirst du mehr als einem Gegner das Leben schwer machen, indem er vorwärts läuft, um einen Ball zu erwischen, mit dem er nicht gerechnet hatte. Die zweite Art von Schlag, die du gegen einen Dropshot spielen kannst, ist ein tiefer Return zur schwachen Seite deines Gegners und dann einfach einen Volley oder Overhead. Wenn du die Zahl der Dropshots reduzieren willst, die der Kontrahent die entgegenschlägt, kannst du den Ball entweder hart und tief spielen, oder den Ball hoch und tief halten. Das wird es ihnen deutlich schwerer machen, einen Dropshot zu spielen.

Strategie #12

Wie man den Läufer ausspielt

PROBLEM:

Läufer sind harte Gegner, da sie normalerweise nicht aufgeben und sie viele Bälle im Match zurückspielen. Manche Spieler gewinnen ein Spiel nur mit deren Geschwindigkeit. Sie jagen Ball nach Ball hinterher bis du nicht mehr kannst und letztendlich verfehlst.

LÖSUNG:

Läufer haben immer einen schwächeren Schlag. Es könnte ihre Rückhand, Vorhand, Aufschlag oder Overhead sein. Finde ihren schwächsten Schlag und starte diesen Schlag zu attackieren. Du musst begreifen, dass ihre größte Stärke die Geschwindigkeit ist und du dich daher darauf konzentrieren musst, was sie am schlechtesten können. Du musst geduldig sein und ihnen erlauben, mit ihren schwächsten Schlägen Fehler zu machen. Bleibe standhaft und spiele kontinuierlich, bis sie anfangen Fehler zu machen; weiche nicht von dem Plan ab. Du wirst dazu verleitet sein, den Punkt selbst abzuschließen, aber es zahlt sich immer aus, sich an den Plan zu halten anstatt deinem Gegner das zu erlauben, was er am besten kann.

Um diese Art von Spielern zu schlagen, greife ihre Schwächen an und nicht ihre Schnelligkeit, da das der schwierigste Weg wäre, um Punkte zu erzielen. Halte dich an den Plan und sei konsequent.

Strategie #13

Wie man eine starke Vorhand ausspielt

PROBLEM:

Starke Vorhände sind weit verbreitet im Tennis, da jeder bestimmte Waffen braucht, um Punkte zu erzielen. In den meisten Fällen ist das eine starke Vorhand. Im heutigen Spiel sind starke Vorhände zu einer Notwendigkeit geworden, um mehr Punkte zu erzielen, da Spieler stärker und schneller werden und du dementsprechend härtere und schnellere Bälle spielen musst, wenn du an ihnen vorbei willst.

LÖSUNG:

Starke Vorhände sind nur solange stark, wie sie der Ball in der kraftvollsten Zone ankommt, die normalerweise zwischen Knien und Schulterhöhe ist. Wenn es dir gelingt, Bälle unter das Knie oder über die Schulter zu schlagen, sind die Chancen groß, dass ihre Vorhand nicht mehr so kraftvoll ist wie gewöhnlich. Versuche einen Slice zu ihrer Vorhand oder einen hohen Topspin zu spielen, um die Kraft zu verringern, die sie von dieser Seite aus erzielen können.

Strategie #14

Wie man starke Schläger ausschaltet

PROBLEM:

Starke Schläger überfordern ihre Gegner mit zu viel Kraft über beide Flügel und erzielen oft bereits Punkte mit einem unhaltbaren Aufschlag. Sie gewinnen Punkte, indem sie einfach härter schlagen als andere.

LÖSUNG:

Du musst die starken Schläger ausbremsen mittels einiger Schläge wie: Niedrigen Slices, Seiten-Slice, Hoher Topspin, tiefe Bälle, Dropshots und kurzen Angleshots. Starke Schläger hassen Veränderungen in der Ballgeschwindigkeit, da es sie zwingt, sich der Tiefe, Höhe und Geschwindigkeit des Balls anzupassen. Nach einer Weile veranlassen die veränderte Geschwindigkeit, Drehung und Höhe des Balls die starken Schläger entweder dazu, einen Ball zu verfehlen oder sie müssen Tempo aus dem Spiel rausnehmen, um ihre Fehler zu verringern. Das ist der Zeitpunkt wo du weißt, dass du sie um ihren Spielplan gebracht hast und mehr Punkte gewinnen kannst.

KAPITEL 4: STRATEGIEN GEGEN UNGEWÖHNLICHE SPIELSTILE BEIM EINZEL

Strategie #15

Wie man den „Grunzer" schlägt

PROBLEM:

Der „Grunzer" kann laut sein und ablenken. Er wird jedes Mal grunzen, wenn er den Ball trifft und die Lautstärke des Grunzens erhöhen je nach Länge des Spiels, Wichtigkeit des Balls oder eigener Müdigkeit.

LÖSUNG:

Lerne, dich auf die wichtigeren Aspekte deines Spiels zu konzentrieren wie Atmung und Beinarbeit. Sich zu stark darauf zu konzentrieren, was dein Gegner macht, wird dich ablenken und dich von abhalten, dein bestes Tennis zu spielen. Finde Dinge, auf die du dich konzentrieren kannst während oder nach einem Ballwechsel, z.B. das Binden deiner Schnürsenkel, wenn sie lose oder locker sind oder dich abtrocknen, wenn du verschwitzt bist. Wenn es für dich zu viel Abwechslung ist, grunze einfach selbst.

Strategie #16

Wie man einem Zeitspiel entgegenwirkt

PROBLEM:

Spieler, die absichtlich die Zeit zwischen den Ballwechseln und Seitenwechseln verzögern, versuchen das Tempo des Spiels zu kontrollieren. Einige Spieler müssen schnell spielen, um ihr Tempo aufrecht zu erhalten, anderen macht es nichts aus langsamer zu spielen. Das Spiel verlangsamen, wenn du am verlieren bist, ist eine großartige Strategie, da es dir mehr Zeit gibt, Fehler zu korrigieren und wieder auf die richtige Spur zu kommen. Wenn jemand das macht kann es schwierig sein, das Spiel wiederzufinden.

LÖSUNG:

Konzentriere dich darauf, was du tun musst. Gelange nicht in ihre Falle, indem du das Spiel verzögerst. Bleibe einfach jederzeit bereit und zeig ihnen, dass du bereit bist weiterzumachen.

Strategie #17

Wie man einen eiligen Gegner ausspielt

PROBLEM:

Einige Spieler eilen gerne durch die Punkte hindurch, ohne den Kontrahenten zu erlauben einmal durchzuschnaufen oder Dinge zu durchdenken, was mehr Fehler verursacht, wenn du dieses Tempo nicht gewohnt bist. Sie nehmen für Gewöhnlich kürzere Wasserpausen und schlagen bereits auf, bevor du an der Grundlinie bist um den Aufschlag zu kontern.

LÖSUNG:

Wenn jemand konstant durch ein Spiel hetzt, ist die beste lösung einfach Tempo aus dem Spiel zu nehmen, bis zu einem Level, bei dem du dich wohlfühlst und du keine Fehler machst. Einige der besten Möglichkeiten, um dies zu erreichen, sind:

- Dich während des Seitenwechsel mit dem Handtuch abtrocknen, Wasser trinken und langsam atmen

- Dein Handtuch auf den rückwärtigen oder seitlichen Zaun legen. So musst du zwischen den Ballwechseln eine größere Entfernung zum Abtrocknen zurücklegen und kannst so das Tempo reduzieren.

- Die Schnürsenkel binden vor dem eigenen oder fremden Aufschlag.

- Die Saiten deines Tennisschlägers richten vor dem eigenen oder fremden Aufschlag.

Strategie #18

Wie man den Publikumsliebling schlägt

PROBLEM:

Publikumslieblinge können während eines Spiels eine starke Unterstützung bekommen. Einige Anhänger oder Familienmitglieder können sehr laut und durchdringend sein, was es jedem schwer macht, sich auf das Spiel zu konzentrieren. Sie klatschen, wenn du einen Punkt verlierst. Sie klatschen bei entscheidenden Bällen und in der Mitte eines Laufes.

LÖSUNG:

Publikumslieblinge sind sehr schwere Gegner, wenn sie am gewinnen sind, aber wenn sie verlieren, wird es ruhig. Konzentriere dich darauf, in Führung zu gehen und gib die Führung nicht mehr her. Je größer dein Vorsprung ist, desto weniger Lärm wirst du von der Menge hören. Einige der Fans, Familienmitglieder und anderen Leute wird einfach das Spiel verlassen, was weniger Ablenkung und bessere Ergebnisse für dich bedeuten wird. Wenn du die Art von Spieler bist, der es genießt eine Menge gegen sich zu haben, würde ich trotzdem empfehlen, von Beginn an in Führung zu gehen und bis zum Ende vom Match zu bleiben. Publikumslieblinge sind nur Favorit, wenn sie gewinnen oder zumindest die Chance auf einen Sieg haben. Wenn du aber zeigen kannst, dass sie keine Chance haben, wirst du eine deutlich leichtere Zeit haben.

Strategie #19

Wie man zarte Angleshots kontert

PROBLEM:

Zarte Angleshots sind großartige Waffen, da sie Spieler zwingen, von der Grundlinie abzuweichen und sich in den vorderen oder seitlichen Bereich des Feldes zu bewegen. Das öffnet das gesamte Feld für den Gegner und ermöglicht ihnen, fast vollständige Kontrolle über den Punkt zu haben.

LÖSUNG:

Die beste Möglichkeit, einen zarten Angleshot zu kontern, ist eine der drei folgenden Optionen:

- Folge dem Ball ans Netz und schneide den Winkel ab, der entstanden ist.

- Spiel einen anderen Angleshot quer über das Feld und bewege dich in die Mitte deiner Hälfte zurück.

- Spiel einen Dropshot direkt vor dich, so dass du deinen Gegner vor das Netz bringst und decke dann die Mitte des Platzes ab, um jede Möglichkeit eines Vorbeischlags auszuschließen.

Strategie #20

Wie man tiefe und hohe Bälle abwehrt

PROBLEM:

Hohe oder tiefe Bälle werden – sofern kraftvoll gespielt – bei den meisten Tennisspielern zahlreiche Fehler hervorrufen. Sie drängen dich praktisch weit hinter die Grundlinie zurück und zwingen dich, den Ball beim Zurücklaufen zu schlagen, was die Kraft vermindert, welche du auf den nächsten Schlag verwenden könntest. Ob sie nun mit oder ohne Topspin gespielt werden, sie repräsentieren nichtsdestotrotz eine Bedrohung und erfordern einen guten Konterschlag.

LÖSUNG:

Hohe, tiefe Bälle können auf vielfältige Arten gekontert werden.

- Du kannst zurücktreten und einen weiteren hohen, tiefen Ball zurückschlagen und beobachten, wie dein Gegner auf diesen Schlag reagiert.

- Du kannst ihn zurückschlagen, sobald der Ball auf den Boden aufschlägt.

- Du kannst den Ball mit einem Slice spielen, um ihn flach und kurz zu halten.

Du kannst jedoch nicht nur die hohen, tiefen Bälle deiner Gegner kontern, sondern diese auch davon abhalten einen solchen Schlag zu vollziehen, indem du:

- tiefe Angleshots oder Topspins spielst.

- den Ball durch das Spielen eines Volleys oder Swinging Volleys in der Luft abfängst und dadurch verhinderst, dass er tief landet.

- tiefe, kurze Bälle spielst, die deinen Gegner zwingen, das Feld zu betreten und es für ihn schwieriger machen, einen weiteren sicheren hohen, tiefen Schlag abzugeben.

Strategie #21

Wie man hohe Rückhandschläge abwehrt

PROBLEM:

Hohe Rückhandschläge gehören für die meisten Spieler zu den schwierigsten Schlägen, besonders wenn du einen einhändigen Rückhandschlag ausführst. Hohe Rückhandschläge erfordern mehr Stärke, um die Bälle zurück ins Feld zu befördern und sind gewöhnlich nicht diejenigen, mit denen man die höchsten Schüsse erzielt.

LÖSUNG:

Du kannst hohe Rückhandschläge auf drei Arten abwehren:

1. Du kannst den Ball überlaufen und ihn mit der Vorhand annehmen.

2. Du kannst den Ball annehmen, bevor dieser zu einem hohen Rückhandschlag wird.

3. Du kannst so weit wie notwendig zurücktreten, um ebenso einen mittelhohen oder tiefen Rückhandschlag auszuführen.

Strategie #22

Wie man einen Scrap-shot Spieler besiegt

PROBLEM:

Scrap-shot Spieler spielen Bälle mit unkonventionellen Schlägen sowie trickreichen Spins und einer wenig ausgefeilten Technik, aber sie bringen den Ball ein und machen es einem nicht einfach, ihre Schläge abzuwehren. Einige der von ihnen ausgeführten Schläge sind: Slice, Seiten-Slice, Seiten-Topspin, Mondbälle, Dropshots, die auf dem Boden aufschlagen und ins Netz zurückgehen, sowie leichte Schläge.

LÖSUNG:

Wenn du nicht weißt, was dich erwartet, ist es am besten aufmerksam zu bleiben und darauf vorbereitet zu sein, alle Arten von Bällen anzunehmen. Stell sicher, dass du nah an den Ball kommst, da dieser sich mehr als sonst umher bewegt. Wenn du nicht sich sicher bist, wie der Ball auf dem Boden aufschlagen wird, laufe zum Netz, wo du den Ball bereits in der Luft abfangen kannst, ohne dich darum zu sorgen, wie der Ball auf dem Boden aufschlägt.

KAPITEL 4: MENTALE STRATEGIEN BEIM EINZEL UND DOPPEL

Strategie #23

Wie man die Nervosität besiegt

PROBLEM:

Während eines Tennisspiels nervös zu werden ist eine natürliche Reaktion. Wichtig ist es, dass dein schwaches Nervenkostüm nicht deine Spielweise beeinflusst. Wenn du zu nervös bist, bist du manchmal an entscheidenden Stellen wie gelähmt, was dich dazu veranlasst dumme Fehler zu machen oder deine Chancen erhöht, den Ball zu verfehlen.

LÖSUNG:

Es gibt verschiedene Möglichkeiten die Nervosität zu überwinden. Hier sind nur einige davon aufgeführt, die für viele Tennisspieler hilfreich waren:

- Beweg deine Füße. Sehr oft wenn man nervös wird, hört man auf, seine Füße zu bewegen, was vermehrt zu Fehlern führt. Deine Füße mehr und schneller zu bewegen wird dir helfen, den Ball besser zu treffen und wird dir helfen, dich während dieser Szene zu entspannen.

- Atme während dieses Zeitpunktes ein und aus. Atme ein, wenn der Ball auf dich zukommt und aus, wenn du den Ball schlägst. Wenn du nicht spielst während der Nervositäts-Attacke ist es noch viel wichtiger, tief einzuatmen, damit deine Muskeln entspannen. Dies hilft dir, dich auf deine Strategie zu fokussieren statt auf das, was du fühlst.

- Verringere deine Anstrengung. Versuch positiv darüber zu denken, was du planst, während dieses Zeitpunkts zu tun und atme tief und langsam ein, um deinen Puls zu senken.

Strategie #24

Wie man mit Stress in einem Spiel umgeht

PROBLEM:

Stress ist ein weiterer natürlicher Faktor, der entsteht, wenn du dich belastet oder durch Familie, Freunde, das Zuspätkommen, das Vergessen der Tennis-Ausrüstung, Wetter-Bedingungen etc. unter Leistungsdruck gesetzt fühlst.

LÖSUNG:

Um den Stress zu besiegen, musst du begreifen, was den Stress an erster Stelle verursacht. Wenn du zu spät zu deinem Spiel gekommen bist, solltest du sicherstellen, dir genau Zeit zu nehmen und dich nicht zu beeilen. Du wirst die verlorene Zeit nicht wieder gut machen können, indem du schneller machst. Das würde mehr verfehlte Schläge nach sich ziehen als alles andere. Wenn du wegen des Wetters besorgt bist und denkst, es beginnt gleich zu regnen, dann solltest du dich auf eine Sache nach der anderen konzentrieren und das Wetter tun lassen, was es will, egal was im Spiel passieren wird. Wenn ein Familienmitglied den Stress hervorruft, dann solltest du deine Aufmerksamkeit auf das Spiel lenken und alles andere von deinen Gedanken aussperren, wenn es dich negativ beeinflusst. Du kannst sie außerdem bitten, während des Spiels bitte ruhig zu sein oder zu gehen und zu dir zu kommen, sobald das Spiel beendet ist. Familienmitglieder wollen, dass du erfolgreich bist, aber die Anspannung des Spiels kann zu viel für sie sein. Konzentrier dich auf das, was den Stress hervorruft und lös das Problem, so dass du dich darauf konzentrieren kannst zu gewinnen.

Strategie #25

Wie man bis zum Schluss aufmerksam bleibt

PROBLEM:

In deinem Spiel aufmerksam zu bleiben, bis es vorbei ist, ist keine leichte Aufgabe, sondern erfordert harte Arbeit. Einige Menschen beginnen gut, aber enden schrecklich, weil es ihnen an Aufmerksamkeit mangelt. Andere sind nie aufmerksamen genug, um ein Spiel oder einen Satz zu Ende zu führen.

LÖSUNG:

Während des ganzen Spiels aufmerksam zu bleiben erfordert verschiede Dinge.

1. Du benötigst optische Signale, die dir helfen, deine Gedanken auf das, was für dich am wichtigsten ist oder was dir verhilft, mehr Punkte zu gewinnen, zu fokussieren. Eine der besten Arten dies zu tun ist es, auf ein Blatt Papier geschriebene Notizen bei dir zu tragen, so dass du während der Seitenwechsel darauf schauen kannst. Auf diese Weise erinnerst du dich, was du zu tun hast.

2. Schreib auf einen Aufkleber zwei oder drei wichtige Dinge, die dir dabei helfen während des Spiels

aufmerksam zu bleiben und platzier die Aufkleber an einem sicheren Ort auf deinem Schläger, wo sie nicht herunterfallen können. Das Innere des Herzens eines Tennisschlägers ist eine gute Stelle, um einen Aufkleber zu befestigen. Das Herz eines Tennisschlägers befindet sich zwischen Griff und Schlagfläche.

Strategie #26

Was man während der Seitenwechsel denken sollte

PROBLEM:

Seitenwechsel gehören zu einem der verkanntesten Momente während eines Spiels um nachzudenken. Was sollte man dann denken? Du bist müde und durstig, also warum solltest du überhaupt über irgendetwas nachdenken? Nun ja, Seitenwechsel sind die besten Zeitpunkte, um das zu tun, was beim Tennis sehr wichtig ist: sich **LÖSUNG**en für Probleme zu überlegen, mit denen du während des Spiels zu kämpfen hattest, um letzten Endes zu siegen.

LÖSUNG:

Während des Seitenwechsels solltest du darüber nachdenken, wie du Punkte gewinnen und wie du Punkte verlieren kannst. Wenn du keine Punkte gewonnen hast, dann solltest du überlegen, warum das so ist.

Vielleicht übernimmt dein Gegner von Beginn an die Kontrolle und zwingt dich ausschließlich dazu Rückhandschläge abzuwehren und erlaubt es dir nicht, deine Vorhand zu verwenden, welche deine siegreichere ist.

Vielleicht bewegst du deine Füße zu wenig und musst anfangen, dich darauf zu konzentrieren.

Vielleicht bist du müde und möchtest schneller gewinnen, aber weißt nicht wie. Während des Seitenwechsels realisierst du aber, dass du aggressiver sein musst und mehr zum Netz laufen musst oder mehr Dropshots ausführen musst.

Vielleicht macht dein Gegner auch nichts Bestimmtes und du bist derjenige, der Fehler macht. Während des Seitenwechsels realisierst du das und beschließt, den Ball länger im Spiel zu halten oder deinen Gegner dazu zu zwingen mehr Fehler zu machen.

Strategie #27

Was man vor einem Spiel denken sollte

PROBLEM:

Vor dem Spiel ist es wichtig, Dinge zu Ende zu denken, statt einen Angriffsplan vorzubereiten. Zu wissen, was man denken sollte, macht einen großen Unterschied, wenn es um gewinnen und verlieren geht.

LÖSUNG:

Ja, während eines Spiels solltest du dein Bestes geben, um nicht zu viel zu denken, aber vor dem Spiel solltest du dich definitiv darauf vorbereiten, was du während des Spiels machen willst, damit du während des Spiels auf „Autopilot" schalten kannst und lediglich das ausführst, was du dir im Vorfeld gedacht hast. Du solltest herausfinden, was du tun musst, um erfolgreich zu sein. Das kann beinhalten:

- Deine Füße zu bewegen.

- Den Ball beim Aufschlag hochzuwerfen.

- Deine Augen auf dem Ball zu halten.

- Dich während der Punkte nicht zu hetzen.

- Die Schwächen deines Gegners von Beginn an auszunutzen.

- Den zweiten Aufschlag deines Gegners zu kontern.

- Dich nicht von deiner Umgebung ablenken zu lassen.

Strategie #28

Was man in der Nacht vor dem Spiel denken sollte

PROBLEM:

In der Nacht vor dem Spiel solltest du dich ausruhen und nur über Dinge nachdenken, die du beeinflussen kannst. Mach dir keine Sorgen über Dinge, die dir nicht gut tun wie Regen, Wind etc. Stell sich, dass dein Körper und deine Seele in der Nacht vor dem Spiel Ruhe finden, wenn du den neuen Tag nicht müde und schwach beginnen willst.

LÖSUNG:

In der Nacht vor dem Spiel solltest du dir vorstellen, wie du am nächsten Tag spielen möchtest. Du kannst dir spezifische Strategien ausdenken, die du ausprobieren willst so wie:

- einen Slice auszuführen oder auf das Netz zu zulaufen.

- hohe Topspins auszuführen, die dein Gegner mit der Hinterhand oder seiner schwachen Seite annehmen muss

- schnelle Ballwechsel quer über das ganze Feld.

Andere Dinge, die du dir in der Nacht vor dem Spiel vorstellen kannst:

- wie du schwierigen Bällen von Ecke zu Ecke nachrennst.

- wie du sicher stehst um den Aufschlag zurückzuschlagen.

- wie du den Ball vor deinem Aufschlag gekonnt hochwirfst.

- wie du motiviert und energiegeladen zwischen zwei Punkten bist.

Strategie #29

Was man tun muss, wenn man auf dem Tiefpunkt ist

PROBLEM:

Wenn du auf dem Tiefpunkt bist, beginnst du an dir zu zweifeln und denkst, du könntest das Spiel nicht gewinnen. Das Wissen, was man tun soll, um die Dinge zu ändern, ist sowohl emotional als auch physisch.

LÖSUNG:

Wenn du während eines Satzes hinten liegst, musst du wissen, dass es wichtig ist zu wissen, woran es liegt, dass du Punkte verlierst und gewinnst.

Wenn du sehr viele hohe Schläge verlierst und dein Gegner darauf abzielt, dass du die meiste Zeit mit solchen zu kämpfen hast, dann solltest du versuchen mehr zum Netz zu laufen und die Anstrengung zu vermindern vom hinteren Feld aus hohe Bälle zu schlagen.

Wenn du lange Rennen verliest, weil deine Fitness nicht so gut ist wie die deines Gegners, dann solltest du einen Weg finden, schnell viele Punkte zu erzielen. Du könntest deinen Gegner öfter zum Netz laufen lassen oder mehr Asse erzielen.

Wenn du Punkte gewinnst, indem du deine Hinterhand umläufst und mit der Vorhand schlägst, dann solltest du versuchen viele Bälle zu umlaufen und diese mit der Vorderhand zu spielen.

Wenn du alle Punkte bei deinem ersten Aufschlag machst, dann solltest du dich darauf konzentrieren, mehr erste Aufschläge zu erhalten.

Strategie #30

Was man machen sollte, wenn man aufgeregt ist

PROBLEM:

Wenn du den ersten Satz gewonnen hast, dann bist du während des Spiels emotional und psychisch überdreht, was sehr schwer wiegt. Was solltest du im zweiten Satz tun um das Spiel zu gewinnen?

LÖSUNG:

Nachdem du den ersten Satz gewonnen hast, weißt du, dass dein Gegner verstärkt versuchen wird, die Punkte aufzuholen. Genauso weißt du aber auch, dass du nah dran bist, auf ganzer Linie zu gewinnen, nachdem du schon das Rennen gewonnen hast.

Der Schlüssel liegt darin, diese 3 Dinge zu tun:

1. Mach weiter das zu tun, was du tun musst um Punkte zu gewinnen. Eine Gewinnstrategie zu ändern ist zu diesem Zeitpunkt nicht der richtige Plan. Mach keine törichten Wechsel, indem du weniger aggressiv oder aggressiver wirst.

2. Unternimm eine zusätzliche Anstrengung in den ersten 3 Spielen des Matches, so dass du mit einem guten

Start beginnst. Das wird deinen Gegner demoralisieren und vereinfacht das weitere Spiel. 3-0 oder 2-0 oder 4-0 sind alles gute Ausgangslagen für einen zweiten Satz.

3. Stell sicher, dass du punktemäßig vorn liegst, bis das Spiel endet, um deinem Gegner nicht das Gefühl zu geben, dass er eine Chance hat, das Spiel zu gewinnen. Wenn du das nicht tust, wirst du es später definitiv bereuen.

Strategie #31

Was man tun sollte, wenn man Matchball hat

PROBLEM:

Ein Matchball kann auf ganz unterschiedliche Weisen betrachtet werden. Den richtigen Ansatz zu haben macht hier den Unterschied. Zu selbstsicher zu sein oder an sich selbst zu zweifeln sind beide verbreitete, aber negative Reaktionen auf einen Matchball. Was solltest du tun?

LÖSUNG:

Ein Matchball ist eine großartige Gelegenheit das Spiel zu gewinnen. Stell sicher, dass du während des Spiels nicht zu viel denkst. Halte die Dinge einfach. Was immer dich gewinnen lässt, sollte während des Spiels ohne Zweifel und mit absoluter Präzision wiederholt werden. Wenn du nervös wirst, atme einfach ein und beweg deine Füße damit die Anspannung von dir abfällt. Dreh dich nicht um oder lass dich ablenken.

Denk dran: *HALT DICH AN DEN URSPRÜNGLICHEN PLAN!*

Strategie #32

Was man tun sollte, nachdem man einen Doppelfehler beim Aufschlag begangen hat

PROBLEM:

Folgefehler betreffen dich emotional und psychisch. Sie sind normal und können dir ruhig während des Spiels passieren, solange du sie nicht zu oft begehst. Der Unterschied liegt darin, was du nach deinem Folgefehler tust und denkst um die Situation zu verbessern.

LÖSUNG:

Konzentrier dich auf das, was du brauchst, um einen Aufschlag auszuführen. Zweite Aufschläge erfordern ein höheres Maß an Kontrolle, weil es deine letzte Chance ist, um einen Aufschlag zu vollziehen. Setz dich nicht irgendeinem Druck aus oder wird nervös. Stell sicher, dass du diesen 5 Schritten folgst, um Folgefehler zu minimieren:

1. Sei vorsichtig mit deinen Würfen. Wirf nicht jeden Ball in die Luft. Lass dir Zeit und mach nur Aufschläge, von denen du denkst, dass sie sehr wahrscheinlich ins Feld gehen werden, wenn du sie während des Hochwerfens spielst.

2. Beeil dich nicht mit deinen Bewegungen beim Aufschlag.

3. Lass den Ball zu deiner Beruhigung mindesten 4 Mal springen, bevor du einen Aufschlag ausübst.

4. Nutz deinen Schwung aus.

5. Halte dein Kinn und deinen Kopf aufrecht, wenn du den Ball schlägst, so dass deine Augen so lange wie möglich auf dem Ball verbleiben.

ANDERE TITEL VON JOSEPH CORREA

Tennis Serve Harder Training Program

Diese DVD wird dich lehren, wie du im Rahmen eines dreimonatigen Tagesprogramm 16 bis 32 km/h schneller aufschlägst. Das beste Aufschlags-Programm auf dem Markt. Das Video beinhaltet ein dreimonatiges Training Programm mit Tabelle und Schritt-für-Schritt-Anleitung. Die DVD zeigt dir, wie man die Übungen richtig machen und den Vorgang, dem du folgen solltest um in diesem Programm erfolgreich zu sein.

Joseph Correa ist ein Profi-Tennisspieler und Trainer, der viele Jahre lang ITF und ATP Wettbewerbe selbst bestritt oder andere für diese trainiert hat. Neben seiner eigenen professionellen Tenniskarriere ist er ein von der USPTR sowie von der ITF Kids lizensierter Coach.

The 33 Laws of Tennis

The 33 Laws of Tennis ist ein Buch voller wertvoller Tennis-Konzepte, die dir helfen ein besserer und vorbereiteter Tennisspieler zu werden. Geschrieben wurde das Buch von einem Profi-Tennisspieler und Trainer aus den USA. Es ist ein sehr nützliches Buch, das sehr praktisch ist, wenn du es am wenigsten erwartet, und dich an viele kleine, aber wichtige Dinge vor einem Wettbewerb erinnern wird.

Tennis Footwork and Cardio by Joseph Correa

Joseph Correa ist ein Profi-Tennisspieler und Trainer, der viele Jahre lang ITF und ATP Wettbewerbe selbst bestritt oder andere für diese trainiert hat. Neben seiner eigenen professionellen Tenniskarriere ist er ein von der USPTR sowie von der ITF Kids lizensierter Coach.

Komm in Form und verbessere deine Mobilität auf und außerhalb des Tennisplatzes. Deine Beinarbeit wird sich drastisch verbessern genauso wie es dein Herz und deinen Körper stärken wird. Es ist für einen Profi-Tennisspieler egal welchen Levels definitiv interessant. Du wirst schneller, stärker und agiler werden und auf dem Platz wird man eine Verbesserung der Beschleunigung deiner Grundschläge und Aufschläge erkennen. Geschrieben wurde das Buch von einem Profi-Tennisspieler für andere um deren Spiele voranzubringen und sie mehr Spiele gewinnen zu lassen.

Yoga Tennis by Joseph Correa

Yoga Tennis by Joseph Correa ist eine gute Art und Weise deine Flexibilität und Agilität auf dem Platz zu verbessern. Erreich mehr Bälle und verletz dich weniger. Du gewinnst mehr, indem du an verschiedenen Stellen deines Spiels arbeitest. Die DVD dauert ungefähr 30 Minuten. Es kann von Amateur- sowie Profi-Spielern genutzt werden um ihr Spiel zu verbessern und länger in einem Spiel zu bestehen. Das ist die beste Art und Weise für einen Tennisspieler flexibler zu werden und häufige Rücken-, Knie-, Schulter-, Oberschenkel-, Waden- und Quadriceps-Verletzungen loszuwerden. Du wirst froh sein, anfangen zu können! Das ist eine verbesserte Ausgabe von unserem MBS Yoga Tennis 2012.

Tennis Abs by Joseph Correa

Tennis Abs ist eine gute Art und Weise deine Quote bei kraftvollen Aufschlägen, Vorhand- und Rückhandschläge und ebenso bei Volleys zu verbessern. Bauchmuskeln sind wichtig für ein besseres Spiel. Diese DVD arbeitet mit verschiedenen Bauchpressen, Sit-ups, Muskel- sowie Rücken-Übungen, die du nicht in anderen Videos finden wirst. Fühl dich selbstsicher, wenn du dein T-Shirt während eines Spiels wechselst und schlag den Ball härter!

www.ingramcontent.com/pod-product-compliance
Lightning Source LLC
Chambersburg PA
CBHW052122070526
44586CB00016B/2037